Dreiband billard: Kleine Tischkreismuster

Von professionellen Meisterschaftsturnieren

Testen Sie sich gegen professionelle Spieler

Allan P. Sand
PBIA Zertifizierter Billardlehrer

ISBN 978-1-62505-302-2
PRINT 7x10

ISBN 978-1-62505-456-2
PRINT 8.5x11

First edition

Published by Billiard Gods Productions.
Santa Clara, CA 95051
U.S.A.

For the latest information about books and videos, go to: http://www.billiardgods.com

Acknowledgements

Wei Chao created the software that was used to create these graphics.

Inhaltsverzeichnis

Other books by the author …

> 3 Cushion Billiards Championship Shots (a series)
>
> Carom Billiards: Some Riddles & Puzzles
>
> Carom Billiards: MORE Riddles & Puzzles
>
> Why Pool Hustlers Win
>
> Table Map Library
>
> Safety Toolbox
>
> Cue Ball Control Cheat Sheets
>
> Advanced Cue Ball Control Self-Testing Program
>
> Drills & Exercises for Pool & Pocket Billiards
>
> The Art of War versus The Art of Pool
>
> The Psychology of Losing – Tricks, Traps & Sharks
>
> The Art of Team Coaching
>
> The Art of Personal Competition
>
> The Art of Politics & Campaigning
>
> The Art of Marketing & Promotion
>
> Kitchen God's Guide for Single Guys

Einführung

Dies ist eines aus einer Reihe von Billard-Büchern, die zeigen, wie professionelle Spieler basierend auf der Ballkonfiguration Entscheidungen treffen. Jede Konfiguration stammt von internationalen Wettbewerben.

Diese Probleme bringen Sie in den Kopf des Spielers, beginnend mit den Ballpositionen in der ersten Konfiguration. Die zweite Konfiguration zeigt, wozu der Player sich entschieden hat.

Über die Konfigurationen

Dies sind die drei Bälle auf dem Tisch:

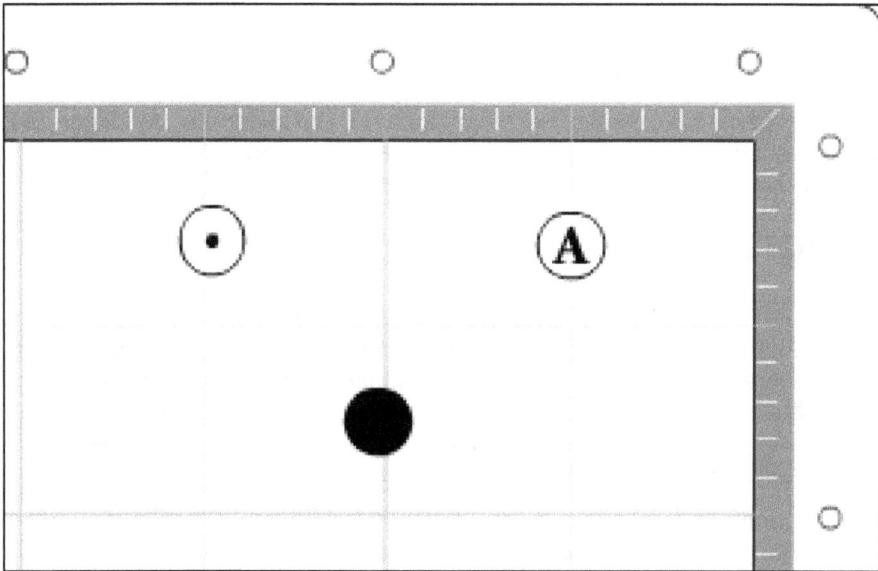

Ⓐ (CB) (deine Billardkugel)

⊙ (OB) (Gegner Billardkugel)

● (OB) (rote Billardkugel)

Jede Konfiguration hat zwei Layouts. Die erste Konfiguration ist die Position der Kugeln. Die zweite Konfiguration zeigt, wie sich die Kugeln auf dem Tisch bewegen.

Anweisungen zum Einrichten der Tisch

Verwenden Sie Papierbinderringe, um die Ballpositionen zu markieren (kaufen Sie in jedem Bürofachgeschäft).

Legen Sie eine Münze auf jedes Tischkissen, das das (CB) berührt.

Vergleichen Sie Ihren (CB) Pfad mit der zweiten Tischkonfiguration. Um zu lernen, benötigen Sie möglicherweise mehrere Versuche. Nehmen Sie nach jedem Fehler eine Anpassung vor und versuchen Sie es erneut, bis Sie erfolgreich sind.

Zweck der Diagramme

Diese Layouts werden für zwei Zwecke bereitgestellt.

- Ihre Analyse - Zu Hause können Sie überlegen, wie Sie die Konfiguration in der ersten Tisch spielen. Vergleichen Sie Ihre Ideen mit dem tatsächlichen Muster auf der zweiten Tisch. Denken Sie über Ihre Lösung nach und überlegen Sie sich die Optionen. Aus der zweiten Tisch können Sie auch analysieren, wie Sie dem Muster folgen. Mental spielen Sie den Schuss und entscheiden Sie, wie Sie erfolgreich sein können.

- Üben Sie die Tischkonfiguration - Legen Sie die Kugeln gemäß der ersten Tischkonfiguration in Position. Versuchen Sie, genauso zu schießen wie das zweite Tischmuster. Sie können viele Versuche benötigen, bevor Sie die richtige Art zu spielen finden. So können Sie diese Aufnahmen bei Wettbewerben und Turnieren lernen und spielen.

Die Kombination aus mentaler Analyse und praktischer Übung wird Sie zu einem intelligenteren Spieler machen.

A: 1/4 Tisch

Die (CB) bewegt sich innerhalb eines Viertels des Tischbereichs. Der (CB) kommt vom ersten (OB) und in das lange band, das kurze band und das gegenüberliegende lange band. Dann kontaktiert der (CB) den anderen (OB).

Ⓐ (CB) (Ihre Billardkugel) - ⊙ (OB) (Gegner Billardkugel) - ⬤ (OB) (rote Billardkugel)

A: Gruppe 1

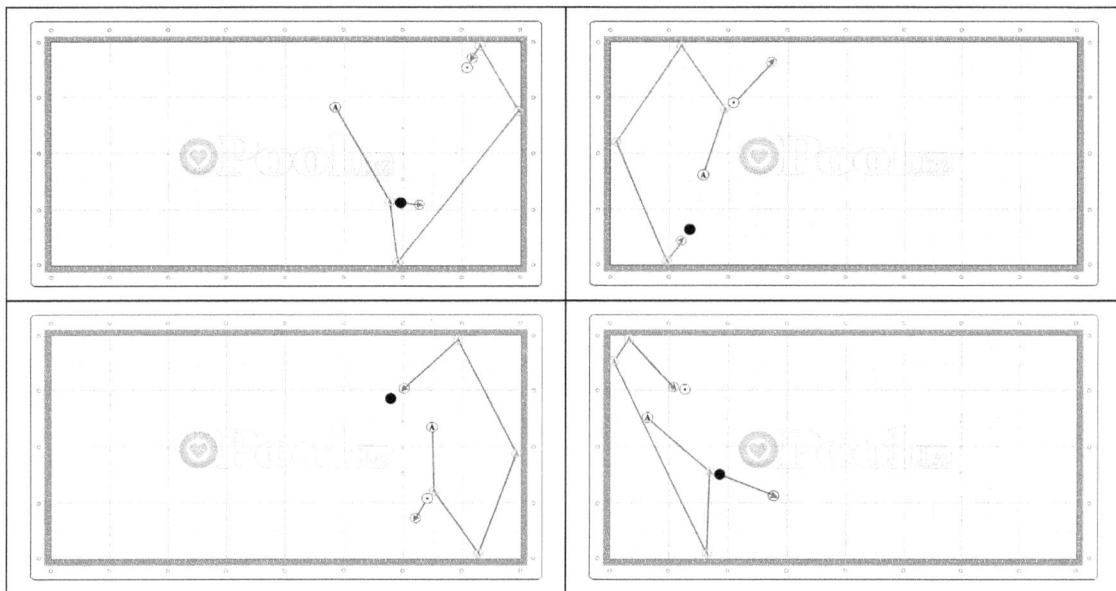

Analyse:

A:1a. _____

A:1b. _____

A:1c. _____

A:1d. _____

A:1a – Konfiguration

Notizen und Ideen:

Schussmuster

A:1b – Konfiguration

Notizen und Ideen:

Schussmuster

C:1c – Konfiguration

Notizen und Ideen:

Schussmuster

A:1d – Konfiguration

Notizen und Ideen:

Schussmuster

A: Gruppe 2

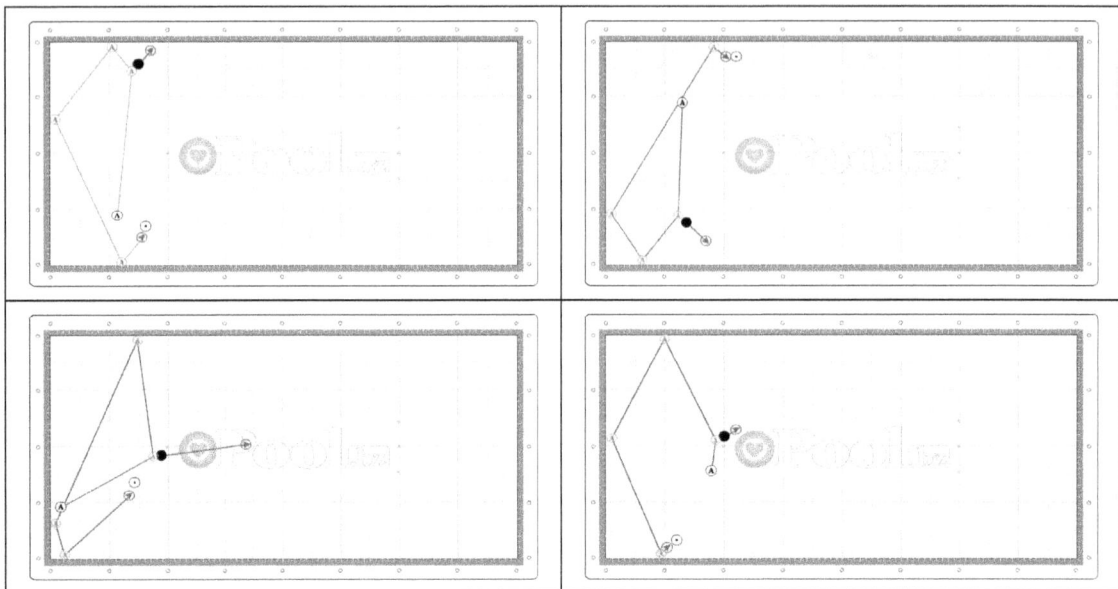

Analyse:

A:2a. _____

A:2b. _____

A:2c. _____

A:2d. _____

A:2a – Konfiguration

Notizen und Ideen:

Schussmuster

A:2b – Konfiguration

Notizen und Ideen:

Schussmuster

A:2c – Konfiguration

Notizen und Ideen:

Schussmuster

A:2d – Konfiguration

Notizen und Ideen:

Schussmuster

A: Gruppe 3

Analyse:

A:3a. _____

A:3b. _____

A:3c. _____

A:3d. _____

A:3 – Konfiguration

Notizen und Ideen:

Schussmuster

A:3b – Konfiguration

Notizen und Ideen:

Schussmuster

A:3c – Konfiguration

Notizen und Ideen:

Schussmuster

A:3d – Konfiguration

Notizen und Ideen:

Schussmuster

B: 1/8 Tisch

Der (CB) fährt in ein kleines Achtel des Tischbereichs.

Ⓐ (CB) (Ihre Billardkugel) - ⊙ (OB) (Gegner Billardkugel) - ⬤ (OB) (rote Billardkugel)

B: Gruppe 1

Analyse:

B:1a. _____

B:1b. _____

B:1c. _____

B:1d. _____

B:1a – Konfiguration

Notizen und Ideen:

Schussmuster

B:1b – Konfiguration

Notizen und Ideen:

Schussmuster

B:1c – Konfiguration

Notizen und Ideen:

Schussmuster

B:1d – Konfiguration

Notizen und Ideen:

Schussmuster

B: Gruppe 2

Analyse:

B:2a. _____

B:2b. _____

B:2c. _____

B:2d. _____

B:2a – Konfiguration

Notizen und Ideen:

Schussmuster

B:2b – Konfiguration

Notizen und Ideen:

Schussmuster

B:2c – Konfiguration

Notizen und Ideen:

Schussmuster

B:2d – Konfiguration

Notizen und Ideen:

Schussmuster

C: Erzwinge den Ball nach vorne

Nachdem die (CB) -Kontakte den ersten (OB), (CB) oberen Spin erreicht haben, wird der Ball nach vorne in das Muster gezwungen.

(A) (CB) (Ihre Billardkugel) - ⊙ (OB) (Gegner Billardkugel) - ● (OB) (rote Billardkugel)

C: Gruppe 1

Analyse:

C:1a. _____

C:1b. _____

C:1c. _____

C:1d. _____

C:1a – Konfiguration

Notizen und Ideen:

Schussmuster

C:1b – Konfiguration

Notizen und Ideen:

Schussmuster

C:1c – Konfiguration

Notizen und Ideen:

Schussmuster

C:1d – Konfiguration

Notizen und Ideen:

Schussmuster

C: Gruppe 2

Analyse:

C:2a. _____

C:2b. _____

C:2c. _____

C:2d. _____

C:2a – Konfiguration

Notizen und Ideen:

Schussmuster

C:2b – Konfiguration

Notizen und Ideen:

Schussmuster

C:2c – Konfiguration

Notizen und Ideen:

Schussmuster

C:2d – Konfiguration

Notizen und Ideen:

Schussmuster

D: Innen umgekehrt

Das (CB) kommt vom ersten (OB) mit einer Kombination aus Seiten- und Umkehrspin.

Ⓐ (CB) (Ihre Billardkugel) - ☉ (OB) (Gegner Billardkugel) - ⬤ (OB) (rote Billardkugel)

D: Gruppe 1

Analyse:

D:1a. _____

D:1b. _____

D:1c. _____

D:1d. _____

D:1a – Konfiguration

Notizen und Ideen:

Schussmuster

D:1b – Konfiguration

Notizen und Ideen:

Schussmuster

D:1c – Konfiguration

Notizen und Ideen:

Schussmuster

D:1d – Konfiguration

Notizen und Ideen:

Schussmuster

D: Gruppe 2

Analyse:

D:2a. _____

D:2b. _____

D:2c. _____

D:2d. _____

D:2a – Konfiguration

Notizen und Ideen:

Schussmuster

D:2b – Konfiguration

Notizen und Ideen:

Schussmuster

D:2c – Konfiguration

Notizen und Ideen:

Schussmuster

D:2d – Konfiguration

Notizen und Ideen:

Schussmuster

E: Erstes Bein (erweitert)

Der (CB) fährt eine lange Strecke, um zum ersten (OB) zu gelangen.

(A) (CB) (Ihre Billardkugel) - (OB) (Gegner Billardkugel) - ⬤ (OB) (rote Billardkugel)

E: Gruppe 1

Analyse:

E:1a. _____

E:1b. _____

E:1c. _____

E:1d. _____

E:1a – Konfiguration

Notizen und Ideen:

Schussmuster

E:1b – Konfiguration

Notizen und Ideen:

Schussmuster

E:1c – Konfiguration

Notizen und Ideen:

Schussmuster

E:1d – Konfiguration

Notizen und Ideen:

Schussmuster

E: Gruppe 2

Analyse:

E:2a. _____

E:2b. _____

E:2c. _____

E:2d. _____

E:2a – Konfiguration

Notizen und Ideen:

Schussmuster

E:2b – Konfiguration

Notizen und Ideen:

Schussmuster

E:2c – Konfiguration

Notizen und Ideen:

Schussmuster

E:2d – Konfiguration

Notizen und Ideen:

Schussmuster

E: Gruppe 3

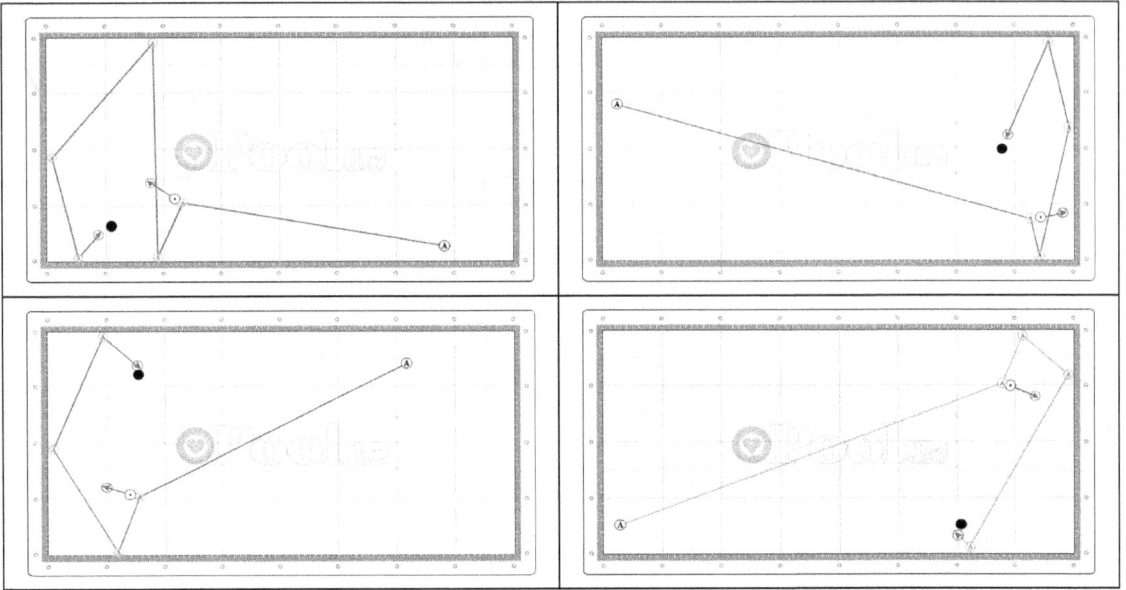

Analyse:

E:3a. _____

E:3b. _____

E:3c. _____

E:3d. _____

E:3a – Konfiguration

Notizen und Ideen:

Schussmuster

E:3b – Konfiguration

Notizen und Ideen:

Schussmuster

E:3c – Konfiguration

Notizen und Ideen:

Schussmuster

E:3d – Konfiguration

Notizen und Ideen:

Schussmuster

F: Drittes Bein (erweitert)

Nachdem das (CB) aus dem ersten (OB) herauskommt, geht es in das lange band. Es geht in das kurze band und das lange band und fährt dann eine lange Strecke zum anderen (OB).

(A) (CB) (Ihre Billardkugel) - ⊙ (OB) (Gegner Billardkugel) - ⬤ (OB) (rote Billardkugel)

F: Gruppe 1

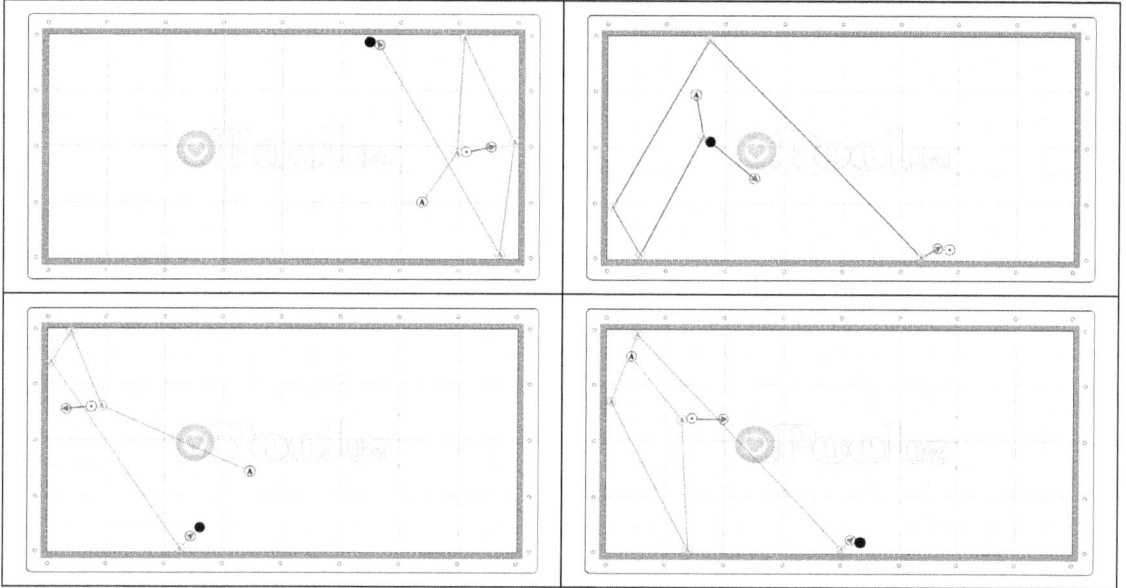

Analyse:

F:1a. _____

F:1b. _____

F:1c. _____

F:1d. _____

F:1a – Konfiguration

Notizen und Ideen:

Schussmuster

F:1b – Konfiguration

Notizen und Ideen:

Schussmuster

F:1c – Konfiguration

Notizen und Ideen:

Schussmuster

F:1d – Konfiguration

Notizen und Ideen:

Schussmuster

F: Gruppe 2

Analyse:

F:2a. _____

F:2b. _____

F:2c. _____

F:2d. _____

F:2a – Konfiguration

Notizen und Ideen:

Schussmuster

F:2b – Konfiguration

Notizen und Ideen:

Schussmuster

F:2c – Konfiguration

Notizen und Ideen:

Schussmuster

F:2d – Konfiguration

Notizen und Ideen:

Schussmuster

F: Gruppe 3

Analyse:

F:3a. _____

F:3b. _____

F:3c. _____

F:3d. _____

F:3a – Konfiguration

Notizen und Ideen:

Schussmuster

F:3b – Konfiguration

Notizen und Ideen:

Schussmuster

F:3c – Konfiguration

Notizen und Ideen:

Schussmuster

F:3d – Konfiguration

Notizen und Ideen:

Schussmuster

* 9 7 8 1 6 2 5 0 5 3 0 2 2 *